westermann

Fit für den Schulstart

Erarbeitet von

Anna Rudmann

in Zusammenarbeit mit der
Westermann-Grundschulredaktion

Illustriert von

Theresia Koppers

Inhaltsverzeichnis

Visuelle Wahrnehmung
Sprachkompetenz
Motorische Kompetenz
Mathematische Fähigkeiten und Mengenverständnis

Auditive Wahrnehmung
Schneideseiten

Motorische Kompetenzen:
Feinmotorik trainieren – zwischen zwei Linien bleiben

Motorische Kompetenzen:
Feinmotorik – gepunktete Linien nachfahren

Visuelle Wahrnehmung und kognitive Kompetenzen:
Konzentration und Koordinationsfähigkeiten

PINGUIN
KLASSE
PERLEN
STIFTE
GLITZER
PAPIERE
ABCDE
KLMNO
PQRSTU
VWXYZ

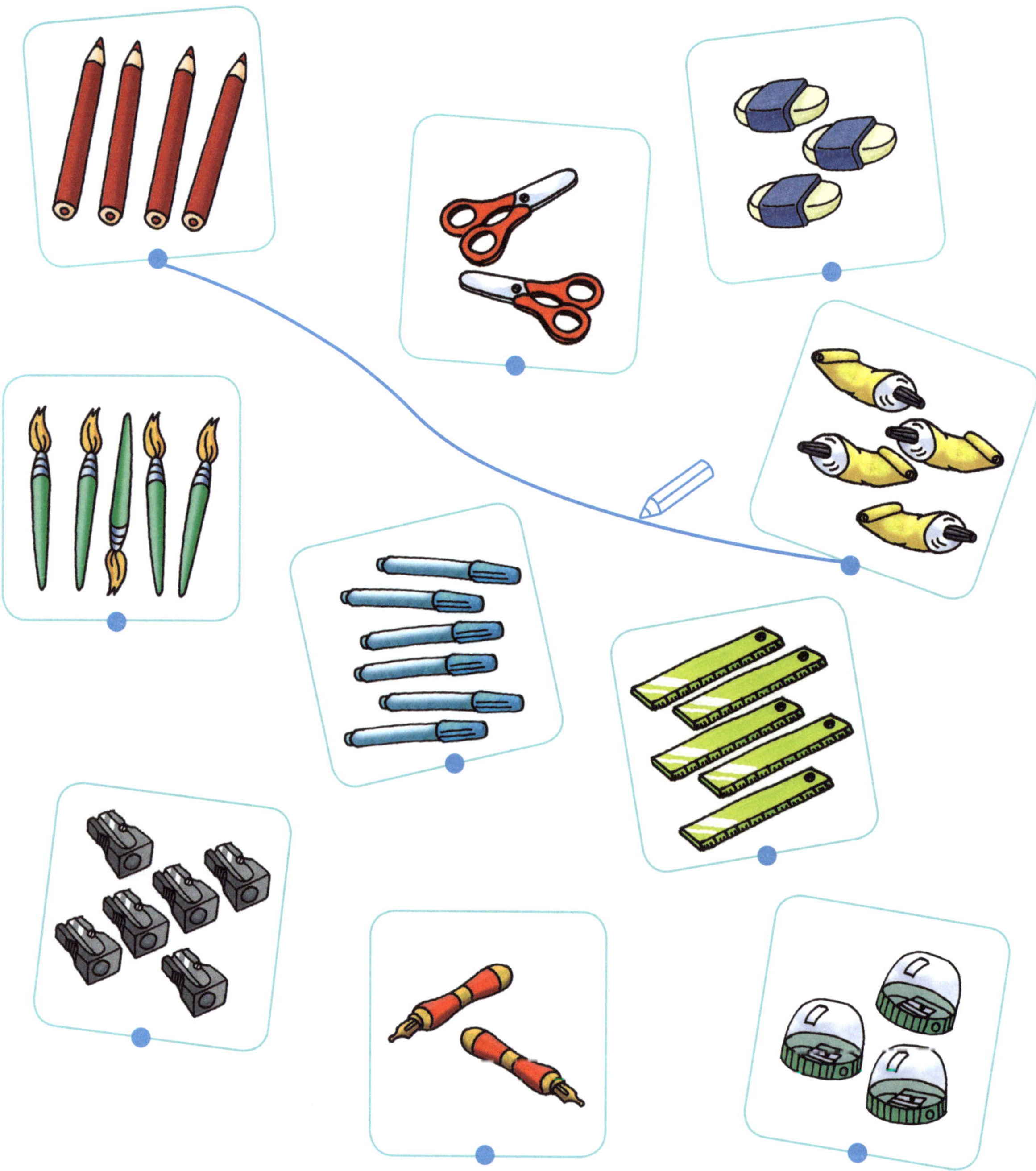

Mathematische Kompetenzen und Mengenverständnis:
Simultane Zahlerfassung, Mengenvergleich

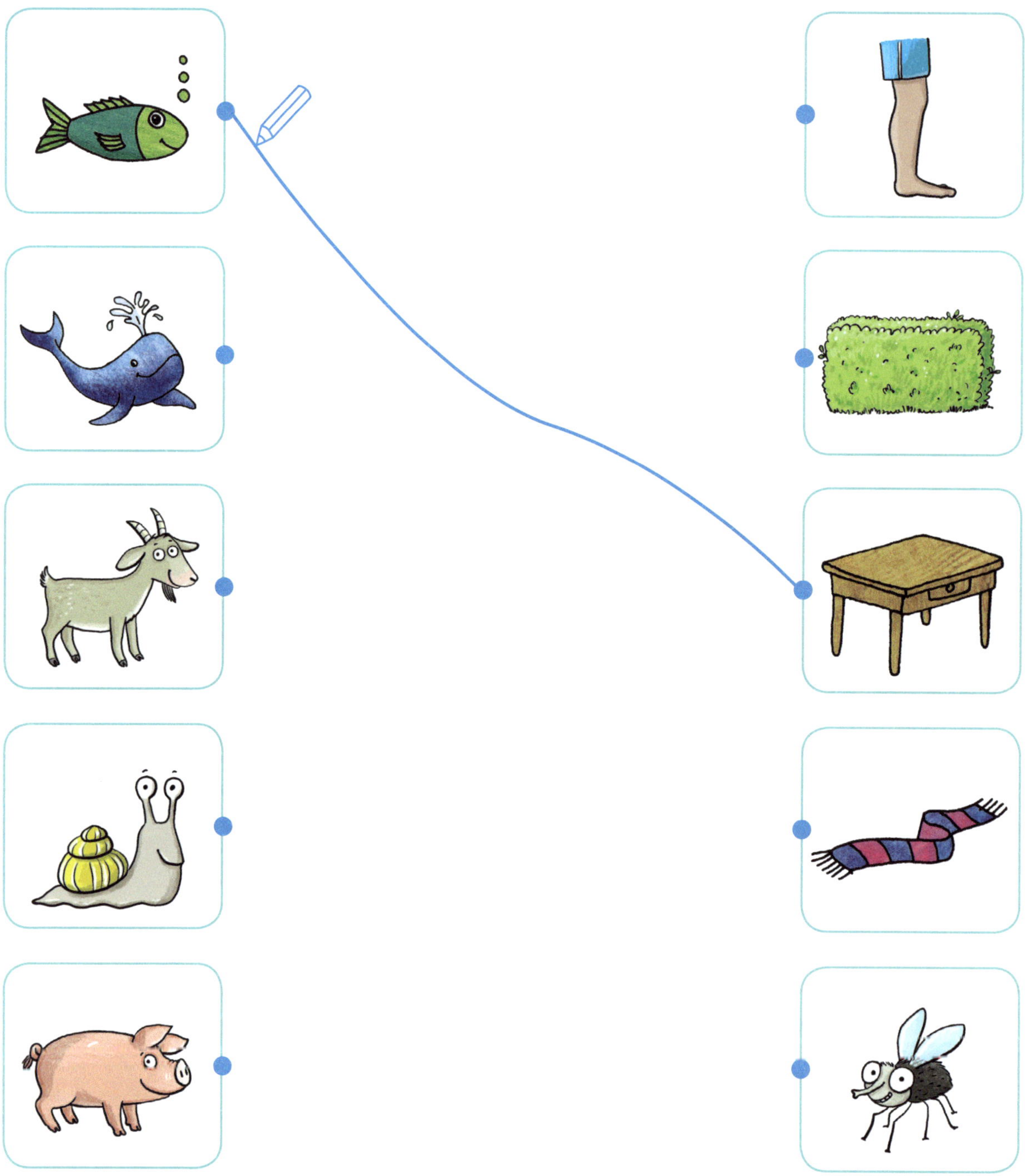

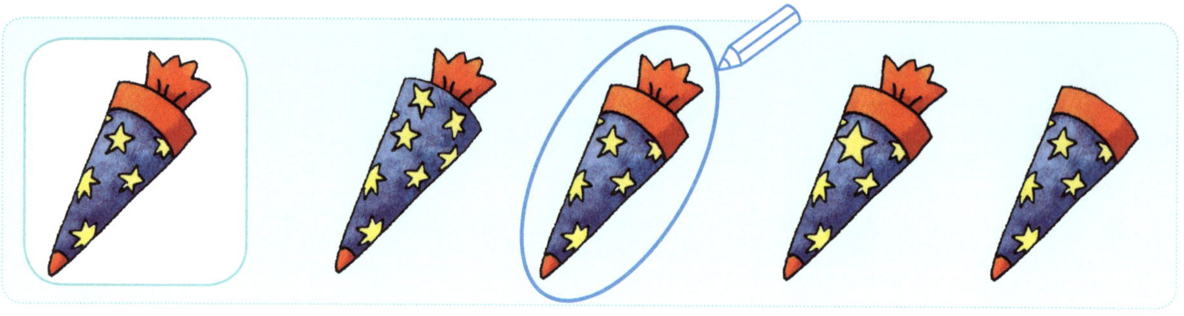

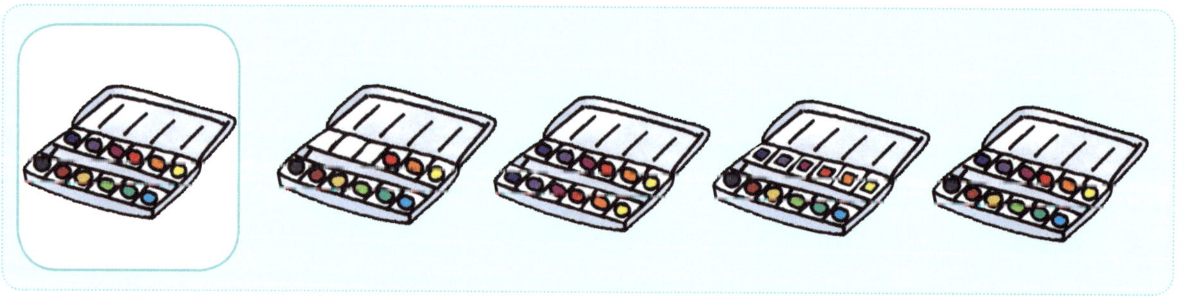

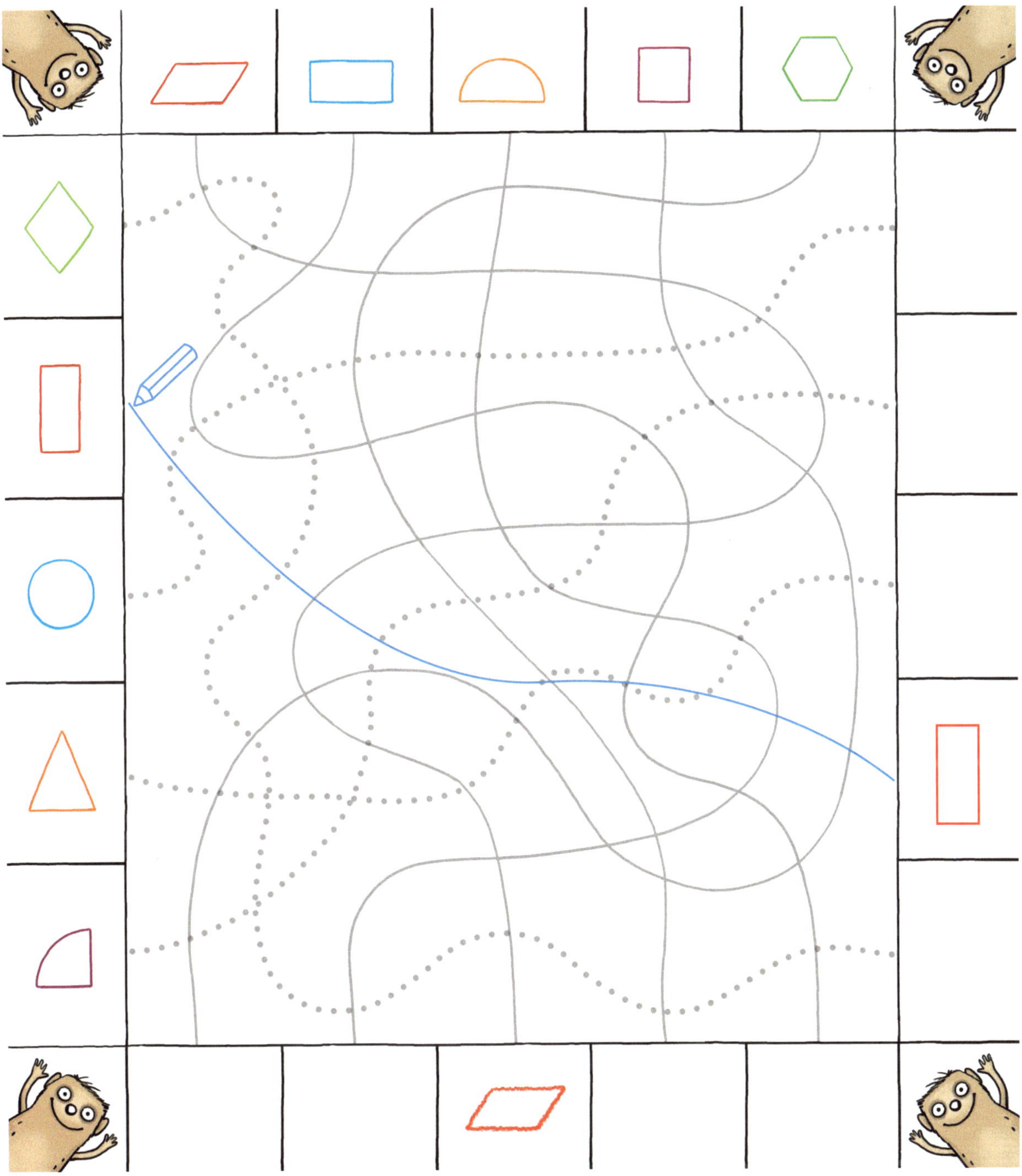

Motorische Kompetenzen:
Feinmotorik – zwischen zwei Linien bleiben

Motorische Kompetenzen:
Feinmotorik – gepunktete Linien nachfahren

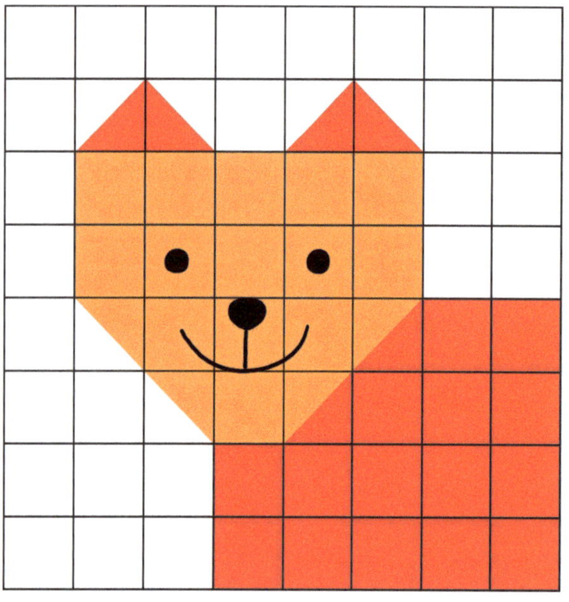

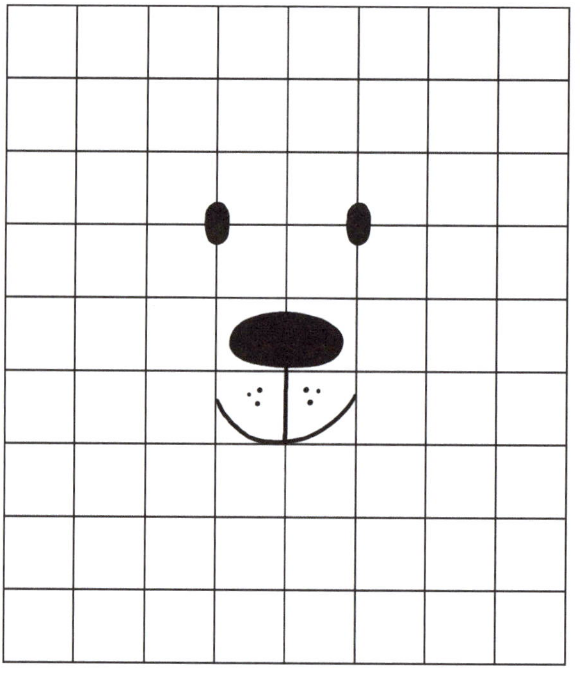

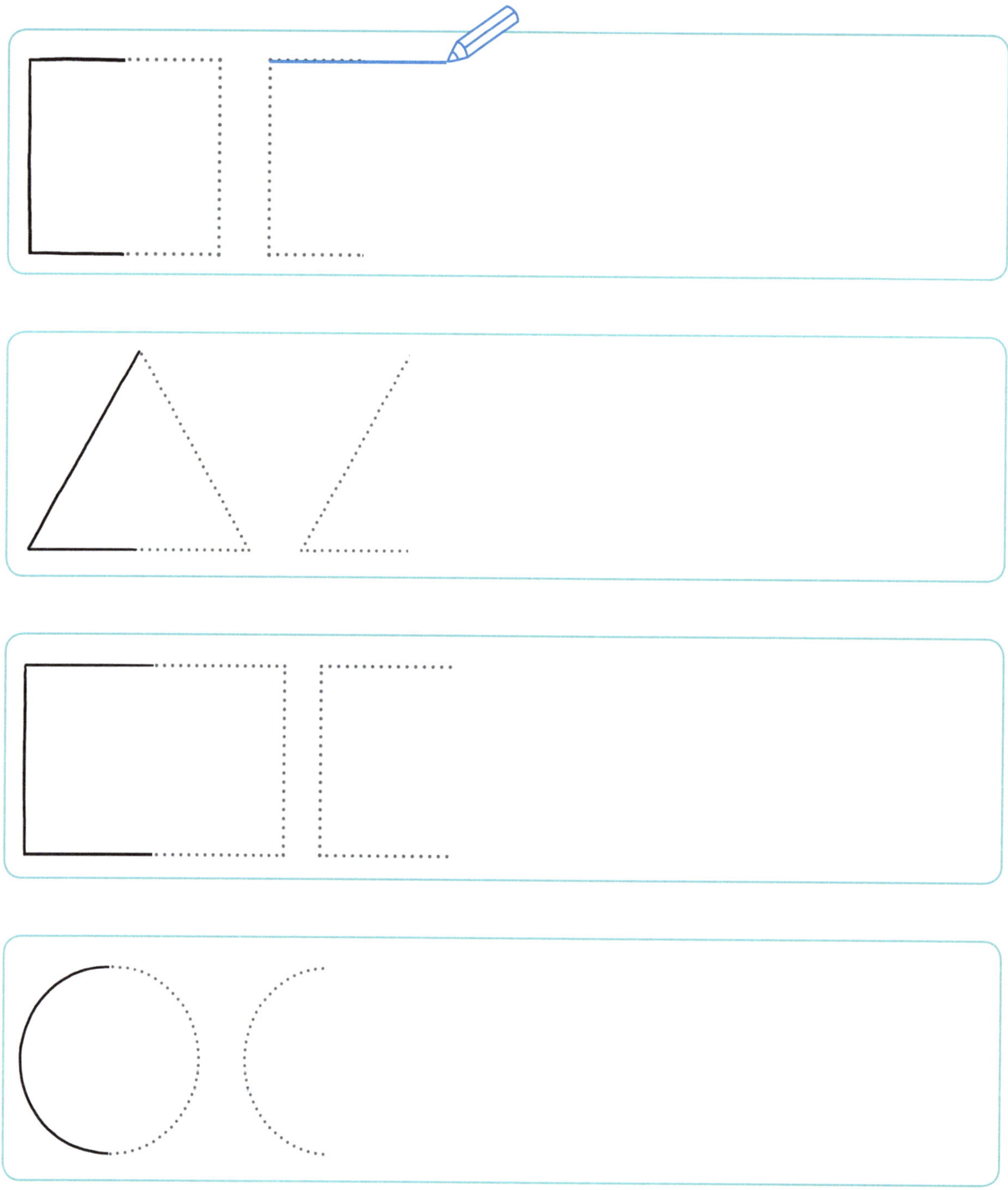

ABC

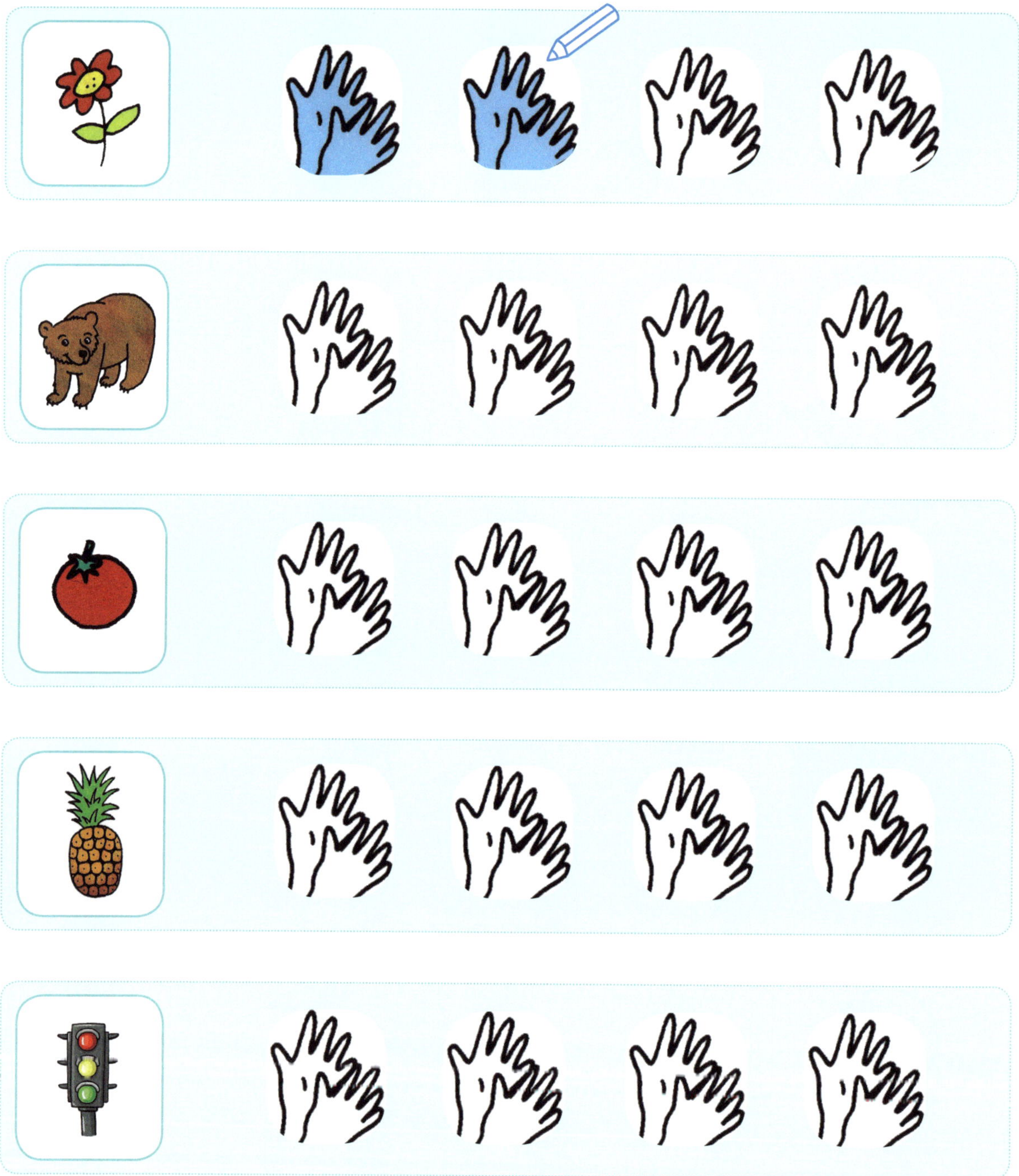

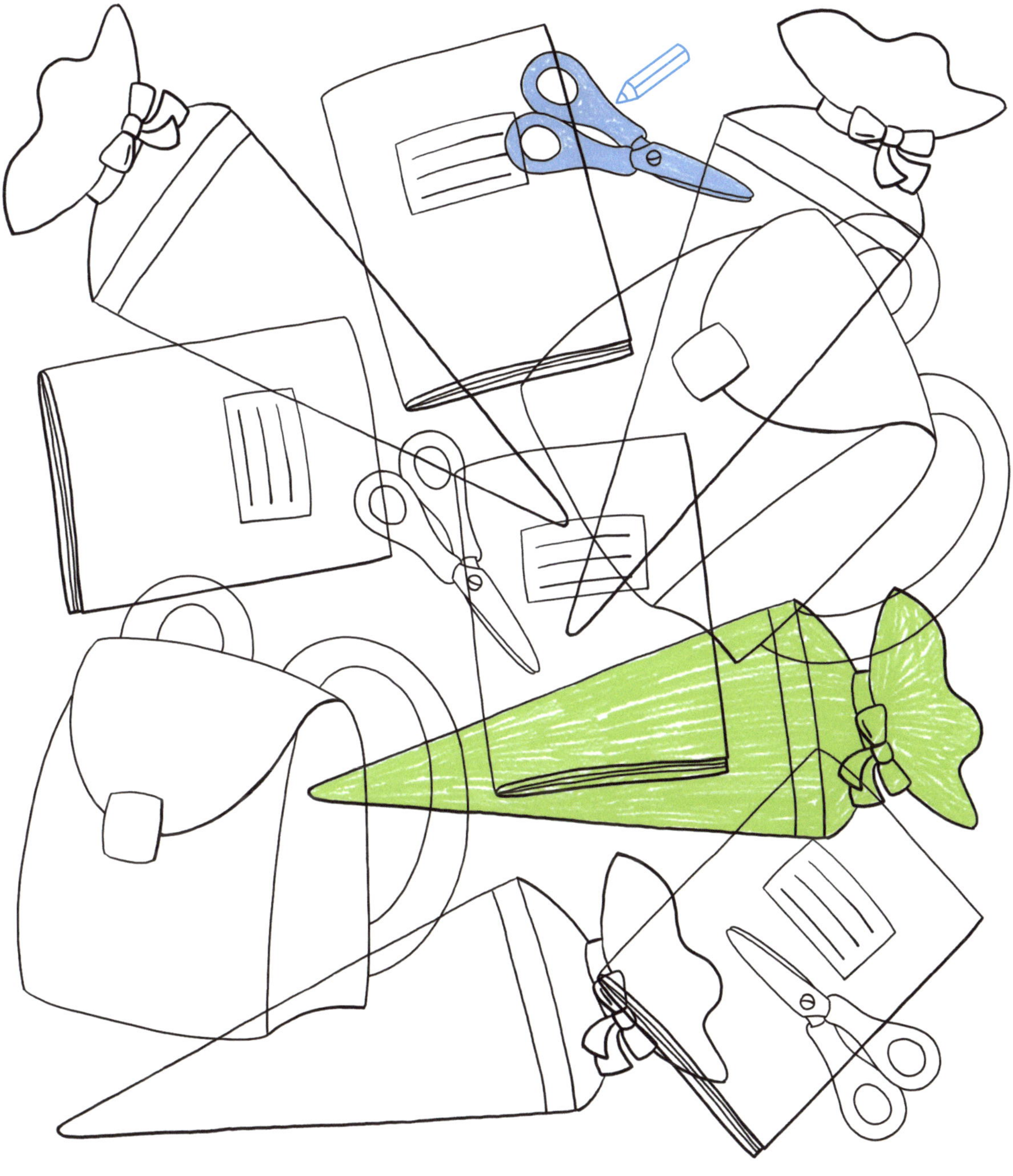

61

1

2

3

4

5

61

1

2

3

4

5

1+1
ABC
1+1

ABC
1+1

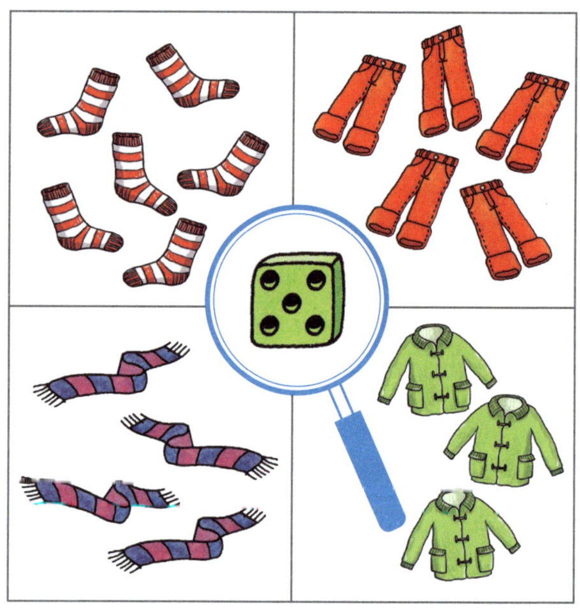

Mathematische Kompetenzen und Mengenverständnis:
Simultane Zahlerfassung

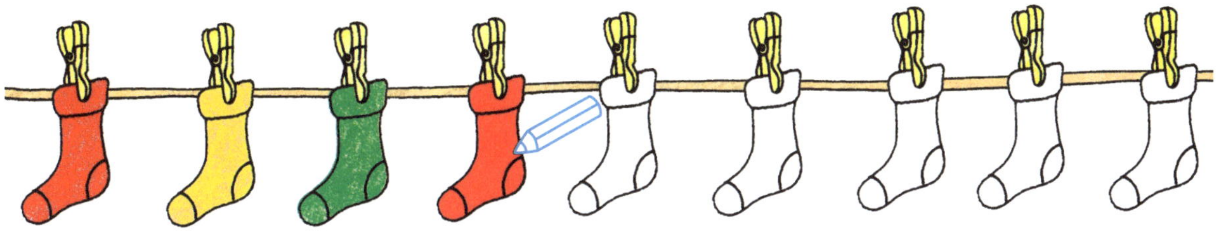

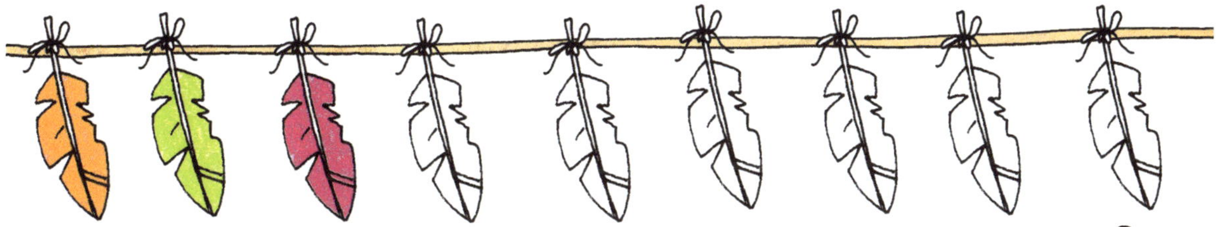

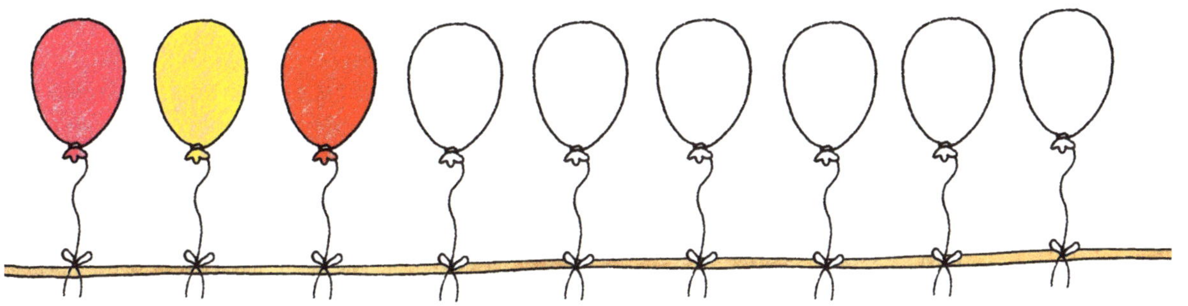

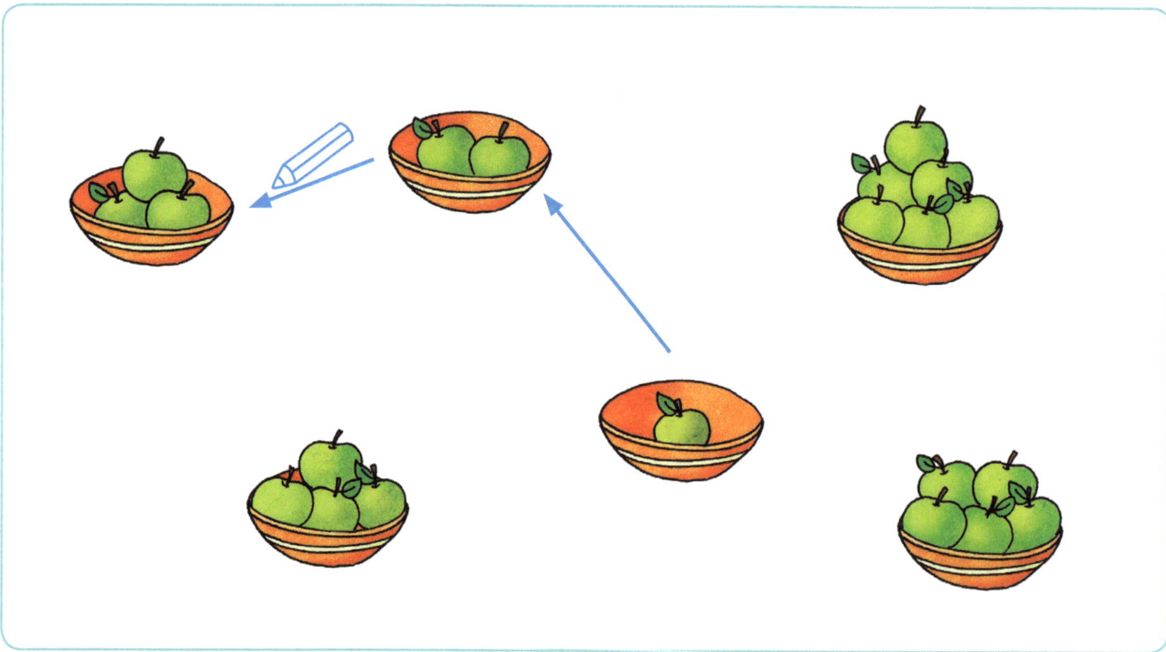

63

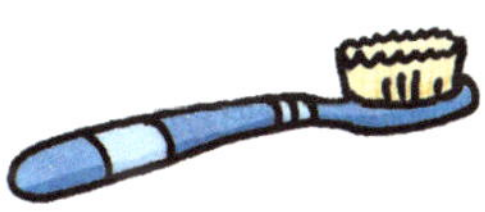

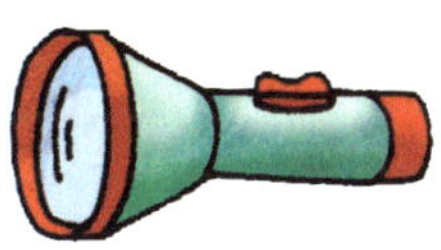

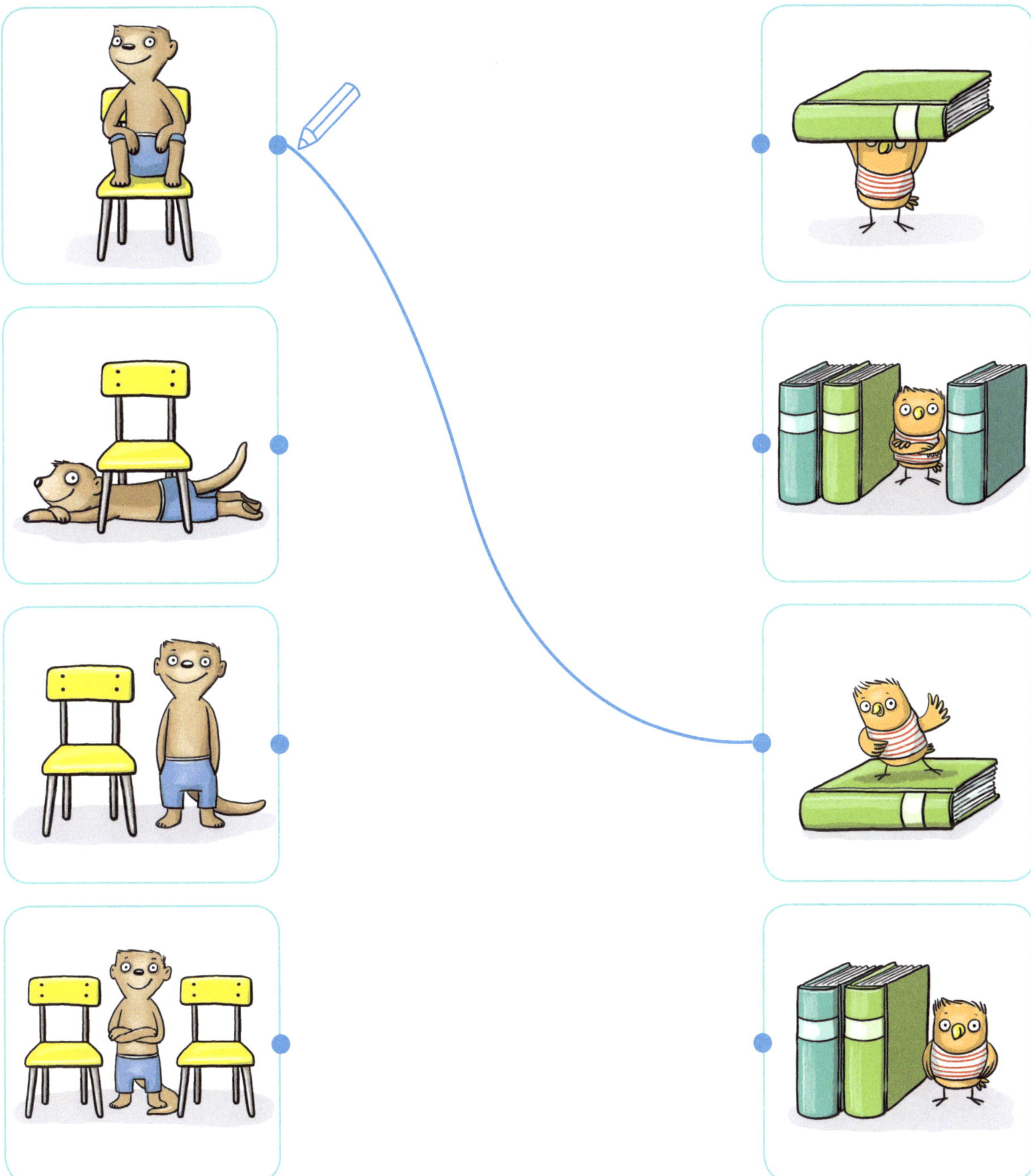

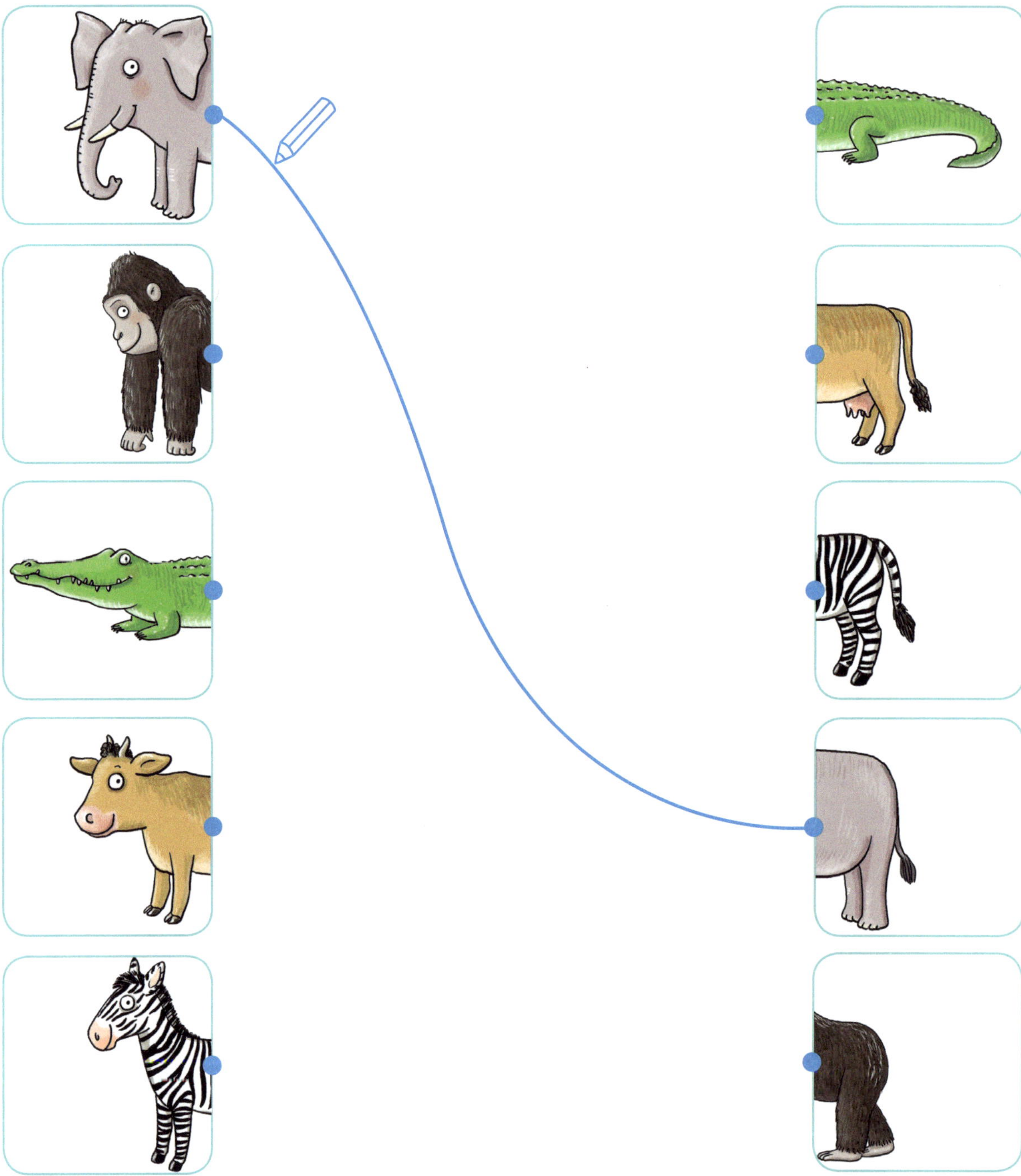

63

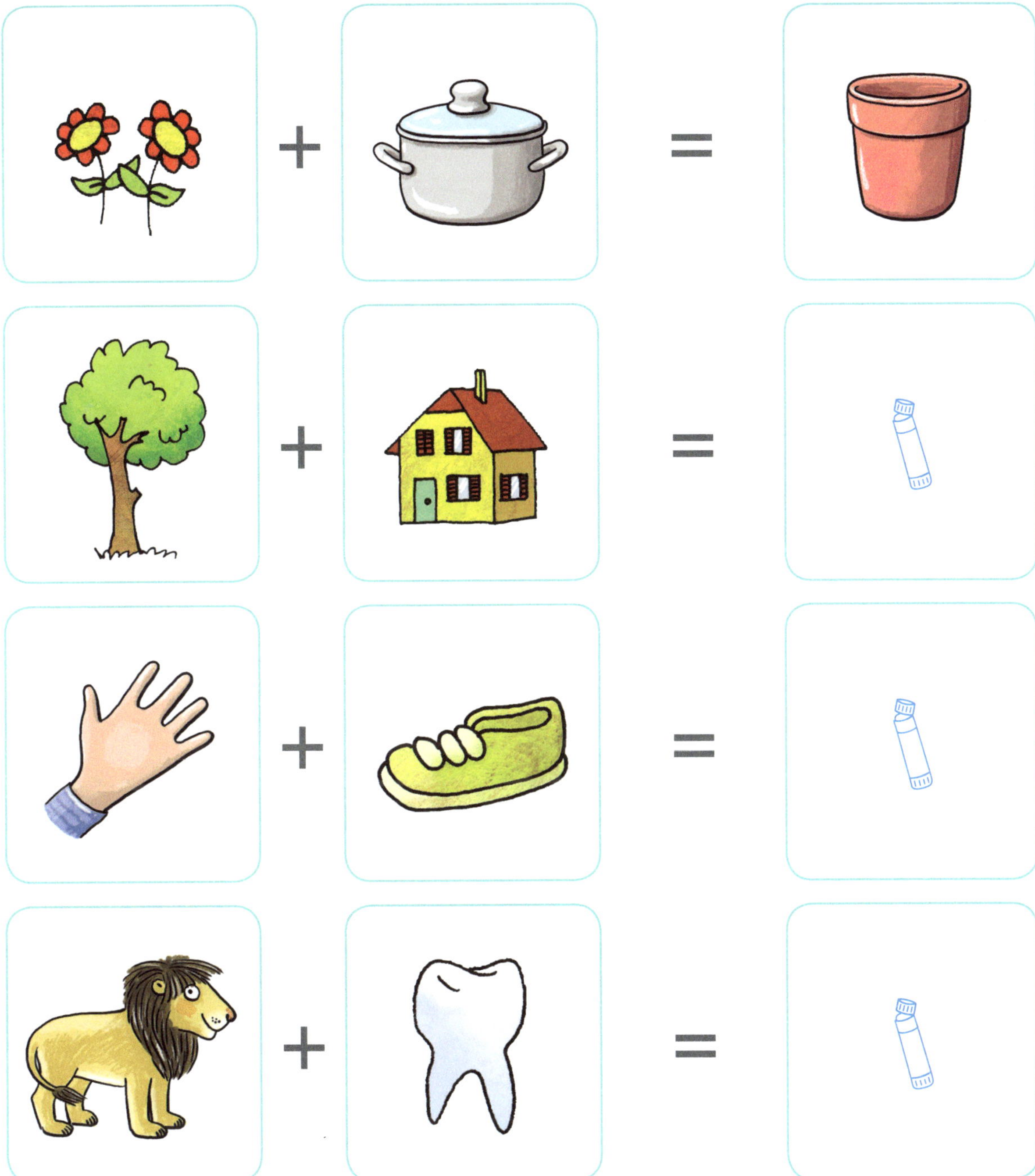

63

Erzähle die Geschichte weiter.
Opa Bruno ist auf dem Weg nach Hause.
Plötzlich beginnt es zu regnen. Zum Glück hat Opa Bruno seinen Regenschirm dabei. Er spannt ihn auf und geht weiter. Doch es regnet immer mehr und Opa Bruno wird selbst unter dem Schirm nass. So sehr regnet es. Da hat Opa Bruno eine Idee. Welche Idee hat Opa Bruno? Erzähle die Geschichte zu Ende und male das passende Bild in das leere Feld.

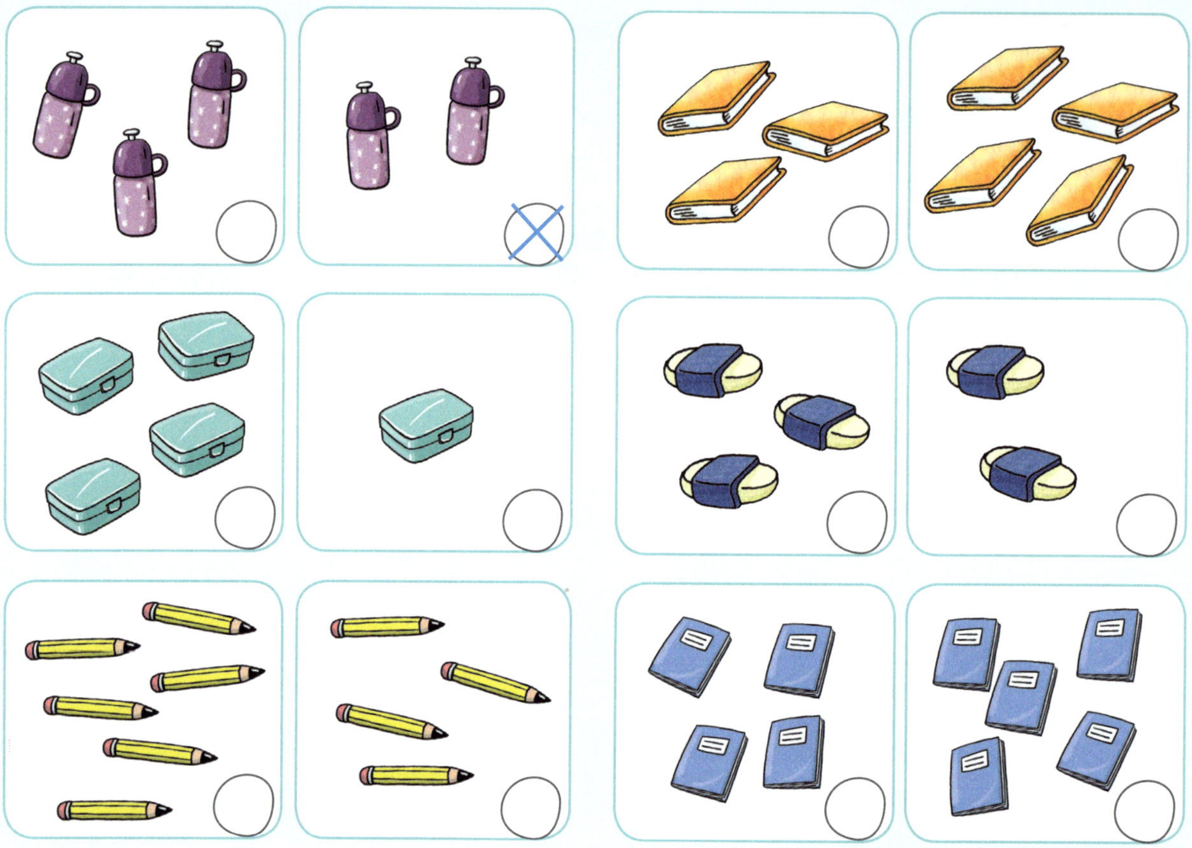

Das Erdmännchen hat verschiedene Dinge in seiner Schultasche. Höre genau zu und achte darauf, welche Anzahl genannt wird. Kreuze das richtige Bild an.

- In der Schultasche sind zwei Trinkflaschen.
- In der Schultasche sind vier Bücher.
- In der Schultasche ist eine Brotdose.
- In der Schultasche sind drei Radiergummis.
- In der Schultasche sind sechs Stifte.
- In der Schultasche sind fünf Hefte.

Höre genau zu, wer welchen Gegenstand sucht.
Fahre mit einem Stift den richtigen Weg nach.
Wähle dabei für jede Figur eine andere Stiftfarbe.

- Das Kind sucht seinen Fußball.
- Das Erdmännchen sucht seine Brille.
- Der Vogel sucht sein Futter.

Im Bild gibt es einige Dinge, die noch nicht fertig gezeichnet sind. Achte darauf, was dir vorgelesen wird und male das Bild passend weiter.

- Das Erdmännchen hat heute seinen ersten Schultag. In seinen Pfoten hält es eine Schultüte.
- Auf der Schultüte sind viele bunte Kreise.
- Neben dem Erdmännchen steht seine Schultasche. Sie ist grün und rot.
- Das Erdmännchen geht in deine Schule. Male sie auch ins Bild.

Ausschneidebogen 1

für Seite 31

für Seite 36

für Seite 37

Ausschneidebogen 2

für Seite 47

für Seite 53

für Seite 56